教育部书法教材推荐碑帖范本

全本对照——经典碑帖临写辅导

欧阳询化度寺碑

沈浩 编著

上海书画出版社

图书在版编目(CIP)数据

欧阳询化度寺碑/沈浩编著.--上海:上海书画出版社,
2016.8
(全本对照:经典碑帖临写辅导)
ISBN 978-7-5479-1250-8

Ⅰ.①欧… Ⅱ.①沈… Ⅲ.①毛笔字-楷书-中小学-
法帖 Ⅳ.①G634.955.3

中国版本图书馆CIP数据核字(2016)第150541号

欧阳询化度寺碑
全本对照——经典碑帖临写辅导

沈浩　编著

责任编辑	张恒烟　李剑锋
责任校对	周倩芸
封面设计	王　峥
技术编辑	包赛明

出版发行	上 海 世 纪 出 版 集 团 上海书画出版社
地址	上海市延安西路593号　200050
网址	www.ewen.co www.shshuhua.com
E-mail	shcpph@163.com
制版	上海文高文化发展有限公司
印刷	上海画中画包装印刷有限公司
经销	各地新华书店
开本	889×1194　1/16
印张	3.5
版次	2016年8月第1版　2016年8月第1次印刷

书号	**ISBN 978-7-5479-1250-8**
定价	**26.00元**

若有印刷、装订质量问题，请与承印厂联系

目录
Contents

总纲

　　书法是中国的国粹，是世界艺术的瑰宝之一，历来深受人们的喜爱。在中国古代，用毛笔书写以实用为主，经过一代代书法家们对美的追求和探索，薪火传承，不断创造，书写升华为一门博大精深的书法艺术。

　　书法的技法内容很多，其中最核心的内容当数"笔法"。初学"笔法"，主要要求掌握"执笔法"和"用笔法"。

一、执笔法

　　在实践中被人们广泛接受的执笔方法，是由沈尹默先生诠释的"执笔五字法"。即用"擫"、"押"、"勾"、"格"、"抵"五个字来说明五个手指在执笔中的作用。（见图）

　　擫：是指大拇指由内向外顶住笔杆，就像吹箫时按住后面的箫孔一样。

　　押：是指食指由外向内贴住笔杆，和拇指相配合，基本固定住笔杆。

　　勾：是指中指由外向内勾住笔杆，加强食指的力量。

　　格：是指无名指爪肉处从右下向左上顶住笔杆。

　　抵：是指小指紧贴无名指，以增加无名指的力量。

　　如上所述，五个手指各司其职，将圆柱体的笔杆牢牢地控制在手中，各个手指的力从四面八方汇向圆心，执笔自然坚实稳定，便于挥运。

　　执笔的要领是指实掌虚，腕平掌竖。这里特别要提醒的是，随着书写姿式（如坐姿和立姿）的变化，手腕的角度和大拇指的角度应该作相应的调整。

二、用笔法

　　用笔，又叫运笔，是"笔法"中最为重要的核心内容，它直接影响到书写的质量。

　　（一）中锋、侧锋、偏锋

　　一般来说，在书写中笔尖的位置有三种状态，即"中锋"、"侧锋"、"偏锋"。

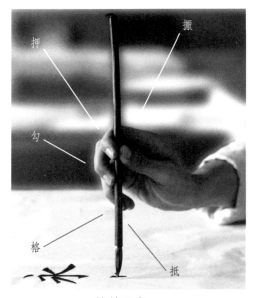

执笔示意

　　"中锋"：主锋的方向和运动的方向相反，呈180度，令笔心在笔画的中线上行走，而笔身要保持挺立之状。

　　"侧锋"：起笔时逆势切入，运笔时笔毫斜铺，笔尖方向和运动方向处于90度到180度之间，呈夹角，而收笔结束时回复到中锋状态。

　　"偏锋"：笔尖的方向和运动的方向成直角（90度）。

　　用中锋和侧锋写出的线条具有立体感和感染力。用偏锋写出的线条扁平浮薄、墨不入纸，是病态的，应该绝对摒弃。古人总结出用笔的规律，提倡"中侧并用"，就是这个道理。

　　（二）起笔、运笔和收笔

　　每一个点画都包含起、运、收三部分。所以掌握正确的起笔、运笔、收笔方法十分重要。

　　1. 起笔

　　起笔又叫发笔、下笔，它的基本形状无非方、圆、藏、露四种。起笔的基本方法有三种，即"尖头起笔"、"方头起笔"、"圆头起笔"。

尖头起笔（露锋）

方头起笔（露锋、藏锋皆可）

圆头起笔（藏锋）

2. 运笔

运笔部分即笔画的中截，又称"中间走笔"。

运笔的第一个要求是始终保持中锋或侧锋。要做到这点就离不开调锋。调锋的目的，就是使笔尖调整到中锋或侧锋的位置。

调锋的手段有三种：

一是提按动作，通过上下垂直的运动使笔尖达到理想的位置。

二是衄挫动作，通过平面的挫动，使笔尖达到理想的位置。

三是兜圈动作，通过顺时针或逆时针方向的转动，使笔尖达到理想的位置。

运笔的第二个要求是涩行。笔锋和纸面相抵产生一种相争、对抗，即在运笔的过程中要有摩擦力，古人生动地比喻为"逆水行舟"和"中流荡桨"，这样写出的笔画才浑厚凝重。切忌平拖滑行。

3. 收笔

笔画结束，一定要回锋收笔，如遇出锋的笔画，如钩、撇、捺等，也要有收的意识，即"空收"。古人说"无垂不缩，无往不收"，言简意赅地阐明了收笔的重要性。收笔回锋有两个作用：一是使笔尖由弯曲还原成直立，使点画起讫分明；二是不论藏锋还是露锋，收笔必须过渡到下一笔画的起笔。

一、横

欧阳询的笔法以劲险著称于世。其横画起笔收笔不露起止，浑然天成。欧体长横形态上要做到方起圆收，左低右高；运笔上要做到正锋行笔才能使线条圆润劲挺。

欧阳询《化度寺碑》的横常见的变化有：短横、左尖横、右尖横等。

基本写法

起笔：横画直落，右上翻锋；

行笔：铺毫调锋，往右上行；

收笔：提笔上顶，轻顿回锋。

小提示

❶ 横画呈左低右高，但不能有上翘的感觉。

❷ 欧体长横的顿笔基本和横画下沿齐平。

❸ 整个横画每一线段均有粗细的细微变化，不可一拖而过。

二、竖

楷书的竖画实际上就是横画的竖写，所不同的是：一、横细竖粗；二、竖的收笔根据在字中的位置有不同的变化。

欧阳询《化度寺碑》的竖常见的变化有：垂露竖、悬针竖、曲头竖等。

基本写法

起笔：竖画横落，往左翻锋；

行笔：铺毫调锋，下行作竖；

收笔：提笔往左，上回收笔（垂露）。

收笔：稍按即提，出锋收笔（悬针）。

小提示

❶ 应注意竖的运笔是曲线，外形较直。

❷ 曲头竖的起笔要流畅自然，不可生硬。

❸ 有些竖的收笔会和下面的横画重叠，此时竖画可不收笔，提笔连向横画起笔处即可。

三、撇

欧阳询的长撇其运笔和悬针竖较为接近。不同在于长撇有弧度。在书写不同的撇画时，弧度也要有明显的变化。

欧阳询《化度寺碑》的撇常见的变化有：平撇、竖撇、柳叶撇等。

基本写法

起笔：右下横落，往左翻锋；

行笔：铺毫调锋，往左下行；

收笔：稍按渐收，出锋力收。

小提示

❶ 撇画不可写得太短。

❷ 斜撇、竖撇的中段要写得稍微细些才有变化。

❸ 柳叶撇的起笔不可太过尖利。

四、捺

捺画是楷书中最美的点画，因为其"一波三折"，呈现出动人的姿态。书写时，起笔和横画一样，主要难点是在出锋时，笔锋不可偏在上面刮出，要正锋收笔，才能使捺画有力。

欧阳询《化度寺碑》捺的主要变化有：平捺、斜捺等。

基本写法

起笔：右下直落，右上翻锋；

行笔：右下铺毫，渐行渐按；

收笔：侧锋归正，往右出锋。

小提示

❶ 捺画书写要一气呵成，不能因为一波三折而停顿调锋。

❷ 反捺不是长点，要区分开来。

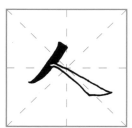    

五、点

　　楷书的侧点，形态精美，起笔峻利，收笔浑厚，其在方寸之间，要起笔行笔收笔俱全，书写时，不能有丝毫犹豫。孙过庭《书谱》云"一点之内，殊衄挫于毫芒"是也。

　　欧阳询《化度寺碑》点的常见变化有：竖点、撇点、提点等。

基本写法

起笔：顺锋起笔，右下直落；

行笔：着纸铺毫，右上稍顶；

收笔：右下做顿，左上回锋。

小提示

❶ 点不能描画，要如高山之坠石，一笔完成后收起笔锋，才能圆润有力。

❷ 其他点均为基本笔画的浓缩，不可随意省去调锋要领。

六、钩

　　欧体的钩峻利简洁，竖钩的写法就是在竖收笔时翻锋铺毫后迅速提笔出锋而成。书写时，不可反复涂抹，以求其形。钩出时要迅捷有力。

　　欧阳询《化度寺碑》的钩常见的变化有：斜钩、卧钩、背抛钩等。

基本写法

起笔：右下横落，向左翻锋；

行笔：调整笔锋，铺毫下行；

收笔：左下微顿，翻锋右出。

小提示

❶ 竖钩的出锋，笔锋不能细长，形如鸟喙，病也。

❷ 弯钩、竖弯钩的收笔方向各异，书写时要仔细体会。

七、转折

欧阳询楷书的转折运笔连接紧密，其写法是在横画收笔处直接翻锋下行写竖即可。形态横细竖粗，折处圭角爽利，转处圆润有力。

欧阳询《化度寺碑》转折的常见变化有：高折、低折等。

基本写法

起笔：右下轻顿，翻锋右行；

行笔：往上轻提，右下作顿；

　　　往左翻锋，铺毫下行；

收笔：渐行渐收，左下收笔。

小提示

❶ 高折要注意不能耸出太多，低折要和横画含混。

❷ 转折的横要有俯仰之势；竖画要有向背之姿。

八、提

楷书的提，笔法为横画的起笔，出锋收之即可。要注意的是：提的方向变化要观察下一笔的起笔位置，提时才能有连贯的感觉。

欧阳询《化度寺碑》的提常见的变化有：横提、竖提等。

基本写法

起笔：右下作顿，翻锋上顶；

行笔：铺毫调峰，中锋上行；

收笔：渐行渐提，力送毫端。

小提示

❶ 提手旁的提出锋要爽利些。

❷ 横提出锋时不要太过尖利。

❸ 竖提可以连贯书写，连接处要离开提的起笔处。

   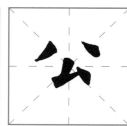 

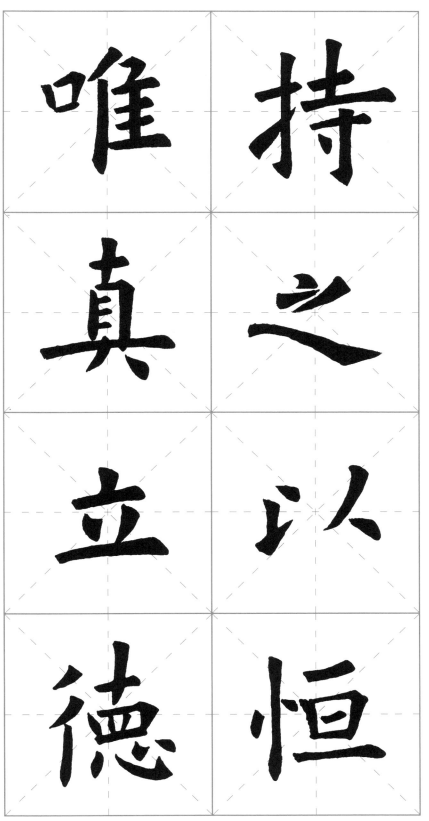

临习要点

　　左边的三组词，大家可以尝试临摹与创作。

　　临习时，我们要把学到的基本点画以及变化形态的运笔方法灵活运用。比如"真"字，长横和短横的细微变化；又如"立"字，二对点的呼应等等。

创作提示

　　少字数的作品难度极大，练习者要注意字的大小控制。比如"持之以恒"，"之"和"以"点画较少，很容易显得小，在书写时，其点画要粗壮些才能看上去协调。

幅式参考

扇面

条幅

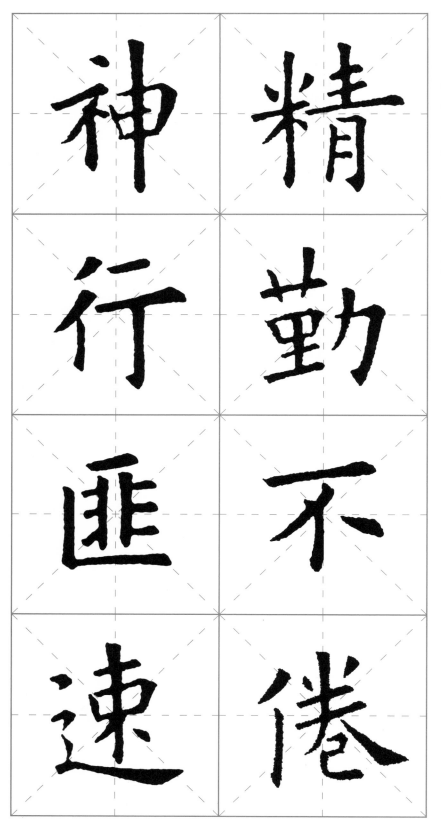

临习要点

　　"横折钩"在书写时要注意有内擫和外拓的不同，如"精"和"勤"。撇的写法也多姿多彩，如"行"的撇一长一短，"不"和"倦"的撇一斜一直。一定要观察仔细。

创作提示

　　在练字的初期，点画是首要的功夫。在写字的过程中，会发现有时按照基本点画的运笔会有些生硬，这就为进一步提高提出了问题。

幅式参考

横幅

精神

条幅

部首是汉字表意的基础部件，是组成汉字的基本部分。熟练部首以及部首拼合规律，可以写出美观的汉字。

 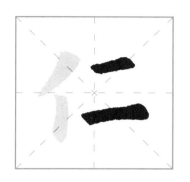

一、单人旁和双人旁

单人旁和双人旁写法较为相似，都是由撇和竖组合而成，书写前一定要观察右边部分的高低胖瘦，然后才能写出相适宜的大小。

单人旁：当头一撇要强壮，一竖稍偏撇尾部。

双人旁：两撇短长需叠直，长撇中段竖起处。

二、竖心旁和提手旁

竖心旁的笔顺为"左点、右点、竖"，左右点要有呼应，要有高低，竖不可粘连点，不可写悬针竖。提手旁的横画要短些，竖钩要如利锥般劲利，同时，还要注意提手旁左边的横和提比右边的横和提要长些。

竖心旁：竖点饱满侧点小，宜在瘦竖高处挂。

提手旁：短横长竖锐利钩，提锋直向下笔行。

三、提土旁和女字旁

提土旁书写时要注意横画不能太长太平，竖画起笔的位置离开横画远些。最后一提的斜度要比横大。女字旁长点和撇画的交叉点位置应该基本对齐第一笔的起笔处，不然，女字旁容易倒。

提土旁：短横长竖斜提笔，出锋直向下笔行。

女字旁：撇点交叉起首笔，长提避开撇折处。

四、木字旁和禾木旁

禾木旁和木字旁写法相近，只是在木字旁上方加一短撇。初学者要注意：两者撇点都不要在横竖交叉处起笔，撇在下面起笔，点可不粘连。

 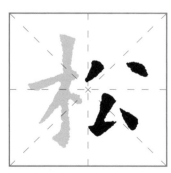

木字旁：一木三枝横撇点，左长右短不同处。

禾木旁：平撇离横不要远，竖钩起笔写清晰。

五、右耳旁和左耳旁

右耳旁和左耳旁都是由相同的点画组成的，但是，书法的美妙就在于位置一变，笔势完全不同。左耳旁的钩和竖都要取收势；右耳旁就取纵势。

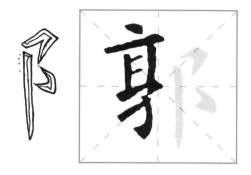

左耳旁：窄窄身形小小钩，长竖垂露须记牢。
右耳旁：身宽还需腰间细，悬针垂露都可以。

六、雨字头和虎字头

雨字头和虎字头大小位置都十分接近，只是虎字头左侧的点长些，大些；虎字头两横变成点即是雨字头。

 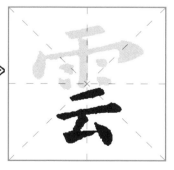

雨字头：雨头不可写太厚，中竖写在雨点中。
虎字头：横钩横长钩要短，四横对齐间隔匀。

七、宝盖和秃宝盖

宝盖和秃宝盖写法十分接近，相差仅一点。正由于有一点，宝盖在写好后，和下面的部分要稍微离开一些，而秃宝盖就要相对紧密一些才行。

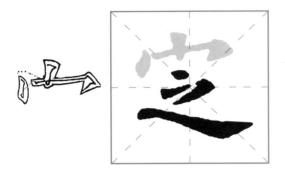

宝盖：一点挺拔勿缩进，长横要细钩要粗。
秃宝盖：长横稍细点撇粗，紧扣下部帽不歪。

八、三点水和三撇旁

三点水的首点是撇点，第二第三笔要对齐，三点要有呼应，略有弧度；三撇旁三撇重心上下要对齐，不可太靠近左边部分。

三点水：三点圆润如水滴，笔断意连提点直。
三撇旁：三撇上下要对齐，位置高低看左边。

九、金字旁和米字旁

金字旁的人字头写得要简练，玉字要离开些再起笔，横画要斜，玉字的点和撇不能粘连其他点画。米字旁的横竖撇点不能重叠在一处，竖钩起笔要耸出。

金字旁：小小人头窄窄玉，横斜竖直点撇清。
米字旁：撇点忌写交叉处，横画左长右边短。

十、广字头、厂字头、病字头

广字头、厂字头、病字头造型比较接近，书写时要注意细微不同。要写好这三个部首都要先看好里边部分再控制书写撇的方向和长度。

广字头：一点一横要紧凑，撇画不宜太上翘。
厂字头：一横长短盖下面，一撇斜直看里边。
病字头：回锋撇后两点直，两点不粘有精神。

十一、绞丝旁和足字旁

绞丝旁和足字旁都属于点画较多的偏旁，而且，两者都容易写得太大。太大的部分都集中在两者的下半部分；绞丝旁的提和三点，足字旁的止部书写时要注意。

绞丝旁：撇折撇提要紧凑，三点夹紧不可松。
足字旁：口字小小止稍长，横伸左右有原因。

十二、日字旁和目字旁

日字旁和目字旁仅仅相差一横，但是，在书写时却有明显的不同：日字旁两竖大多采用相向的写法，可使字形显得饱满；目字旁两竖大多采用相背写法，字形可秀气些。两者最后一笔都写成提。

日字旁：两竖相向日饱满，横短竖长才美观。
目字旁：两竖相背目秀美，横多还需写匀称。

十三、穴字头和尚字头

穴字头点要粗壮，稍微偏左，"八"部一定要贴近宝盖。尚字头中竖强壮且稍长，"口"部可根据下边部分做上下左右调整。

穴字头：一点强壮横要细，宝盖里藏小八。
尚字头：一竖稍高于两点，口字重心对中竖。

十四、示字旁和衣字旁

示字旁和衣字旁相差仅一点，造型特点基本一致。两者的第一点一定不能偏左，要写在横撇的转折上方。在写衣字旁时，两点千万不能含糊不清。

示字旁：一点高悬横折上，横折撇后再写竖。
衣字旁：有时示旁通衣旁，撇点小来侧点大。

十五、反文旁和欠字旁

反文旁和欠字旁的特点是都可灵活运用撇捺来弥补左边部首的空白。如果左边上大下小，那就上收下放，撇捺可往左移，如"教"字。

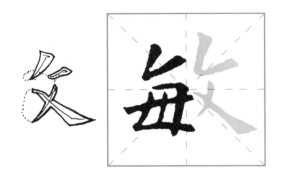

反文旁：上下部分很灵活，左移右挪皆可以。

欠字旁：写长写短看左边，捺画还可写成点。

十六、草字头和山字头

草字头两部分左低右高，左边的竖不能写成悬针，两短横斜度、长短均不同。山字头三竖长短、斜直也要变化书写，横的粗细、斜度也要仔细推敲。

草字头：左右尖横来变化，垂露悬针不可倒。

山字头：主峰突出侧峰扶，高低不同稳如山。

十七、门字框和大口框

门字框书写时，左边竖和右边竖钩要基本平，上半部分可以写得有变化些。大口框不要写得太大，四个角要不同写法。

门字框：门框下角要齐平，门户变化才美观。

大口框：大口四角无一同，内部写满不能闷。

十八、心字底和四点底

心字底是极难写的部首，卧钩和三点的关系要观察仔细，卧钩的出锋务必坚挺才能使心字底有力。四点底点和点要有呼应，大小要变化，一般来讲外侧的点大。

心字底：首点离开卧钩远，两点盖在钩上边。

四点底：两边大大中小小，三呼一应写得平。

十九、走之底和尸字头

走之底和尸字头都属于半包围部首。走之底是左下包右上，捺要长短合适，其左边部分呈一直线。尸字头不可太厚太大，撇勿太斜。

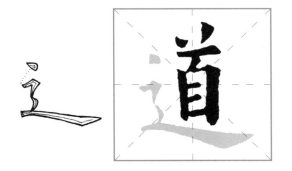

走之底：左边势直间隔匀，行云流水写捺画。
尸字头：勿厚勿宽还勿平，柳叶撇形要记牢。

  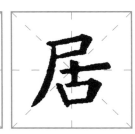  

二十、言字旁和食字旁

言字旁第一点写在横画尾部，五个横画间距要匀，要有长短粗细斜度的变化，还要注意伸左让右的特点。食字旁也是左放右收，撇和提稍长，两点上下取收势，这样才能和右边部首融合。

言字旁：一横长来其余短，一点位于横尾上。
食字旁：人头撇点取收势，竖提亦短才紧凑。

一、独体结构

独体字在书写时容易为初学者轻视，因为大多数独体字点画较少。实际上，这恰恰是难写的地方。总体上，独体字的点画要粗壮些，以显得大和其他的字相协调。如"己"、"水"等字。另外，有些不太稳定的字一定要注意重心，万不可东倒西歪。如"介"、"分"、"氏"等字。

二、上下结构

上下结构包含上中下结构，在书写时，横向点画之间的距离要控制严格，这样才能避免字形过长。上大下小者，下部要托稳上部，如"烈"、"泰"等字。上小下大者，上部要摆正位置，如"焚"、"蔡"等字。上下均等者要突出主笔，如"鉴"字。上中下结构的字大多数点画很多，书写时，每一点画均要严格控制大小，绝不粘连；同时要注意舒展主要点画，如"灵"、"萝"等字。

三、左右结构

左右结构包含左中右结构。在左右结构中，有的字左大右小，应该齐其下如"观"字；有的字左小右大，应该齐其上，如"师"字。左右相当，错落参差，如"魏"字。左中右结构因为点画众多，所以，欧阳询利用一切空间穿插有度，还是能够使舒展的点画纵横自如，如"征"字，长竖和长捺使这个字修长依然。

四、包围结构

包围结构分成半包围结构和全包围结构。包围结构主要的原则是：全包围结构被包围的部分要显得不松不紧，恰到好处，如"图"字；半包围结构被包围部分不要脱出（太大），或者吊上去（太小），如"闻"、"风"、"周"等。全包围的字形容易显得大，在书写时要适度缩小些。另外，包围结构的字形还容易写得呆板，如"门"字，可以在左边部分看到倚侧之势明显，右边的平正，这样，门字框的变化就出来了。

一、平正安稳

对于汉字的书写，平正安稳的要求有两层含义。一、不管什么类型的汉字，写完以后，给人的感觉要平正安稳。比如"避"字，其下面的点画是捺脚，就像山坡一样斜，但是，写完后，字形非常稳定。二、有些汉字没有突出的点画，方方正正，那适合用平正安稳的方法，朴素亦动人。

二、贯气、意连

　　书法是线条的艺术，所以，每一根线条、每一个点画都要贯气，让观者有活生生的感觉。如"功"字，每一个点画劲挺有力。另外，点画和点画之间要有笔断意连的感觉，不能使线条散乱、停滞。笔势如行云流水，所有点画都在其统摄之中。如"之"字，点画散而神聚，笔断而意连。尤其是点多的字，更加要注意意连。如"漱"、"率"等。

三、外松内紧

　　欧阳询的结体特点是：外松内紧。其字的主体部分收缩很紧密，为的是腾出空间给需要舒展的点画。这样，字形的主笔就特别修长而美观。如"武"字，所有的点画都较短，而且紧密，然后长长的斜钩石破天惊，气势很足。又如"刺"字，竖钩傲然挺立。没有其他点画的收缩是不会有这样的效果的。

四、不平之平

在经典的碑帖中，我们经常能够发现一些字形的处理出乎想象。然而，仔细品味又不得不深深钦佩这些书家的微妙处理。这就达到了造型的极高境界——不平之平。如"发"字，整个字既不是左右结构，又不像上下结构，最后，长长的一捺拉住了往左倒的字形，转危为安。又如"勤"字，左边往左倒，右边往右倒，两部分通过点画穿插，严丝合缝，稳定异常。

一、条幅

　　条幅是书画作品最常见的形制。是指窄长形尺寸的书法幅式，宽和长的比例通常为 1:3 或 1:4，或更多。楷书条幅作品一般有格子，上下左右要留边。整体章法以整齐为美。楷书作品的落款最好用行书，以增加活泼的感觉，单行长款可使作品取势一致。

临习要点

　　在进行集字创作时，首先遇到的问题是帖上没有的字。解决办法有二：一、用字帖上不同字的偏旁部首拼合而成；二、运用基本点画以及欧体结构结体方法书写出来，这是真正考验学习者对欧阳询书法风格的掌握程度。

清时有味是无能，闲爱孤云静爱僧。欲把一麾江海去，乐游原上望昭陵。

杜牧诗一首 沈浩书于湘东

条幅

二、对联

对联又称楹联、门对、桃符等。传统对联在文学上表现为：字数相等，词性相同，平仄相合。在书法形制上表现为：上下联分成两条独立条幅。书法对联常见的有四言、五言、七言对联。在特定的地方有长联。如在昆明滇池，有五百字联。对联文句优美，含义丰富，形式别致，历来受到人们喜爱。

临习要点

对联书写的难度，首先在于字和字之间有较大的空间，如果字形太小，不免有凋疏之病。其次在于字距虽然远，也要呼应。不唯上下字之间，上下联之间亦如此。

三、扇面

扇面有团扇和折扇之分。折扇上大下小，呈放射形。在字数较多的情况下，可采取一长一短，交替书写，合理避开下部空间不够的问题。团扇的书写较为方便。既可以像斗方一样，也可以借用其他的书法形制，如对联、中堂等来书写，使团扇形式多变。

临习要点

在左边扇面的书写时，折扇是单行，每一个字的方向都在变化，上沿要平些，落款可以长些。团扇要写得饱满。注意"功"字和"度"字的活泼造型，使这幅接近斗方的字有了灵动的感觉。

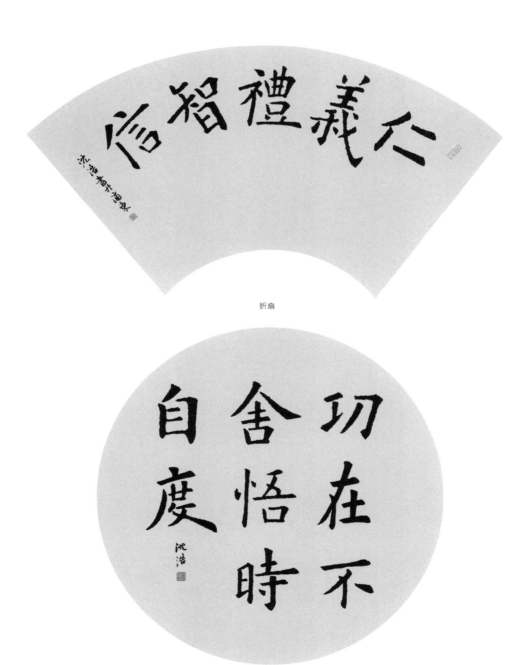

折扇

团扇

四、斗方

斗方是方形的书法形制，古代多用于墓志，现代颇受欢迎。但是，对于楷书斗方作品容易整齐有余而稍嫌呆板，应该在线条粗细，造型欹侧上增加变化，使作品灵活些。

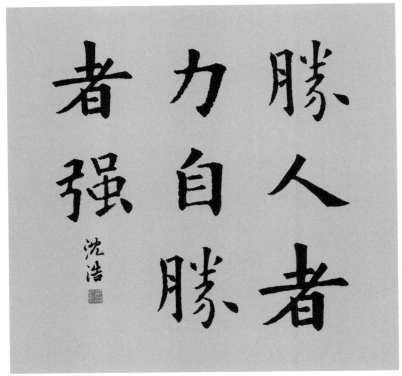

斗方

五、横幅

横幅又称横幅，是长方形的书法形制，一般从右往左书写，在书写时，由于视线受阻，字和字的重心往往不能对齐，字和字的间距也会时大时小。另外，落款不能太低，盖好印章后，基本不能低于正文下沿。也有的横幅落款在横幅正下方，这样的写法可以弥补落款位置不够多的短处。

横幅

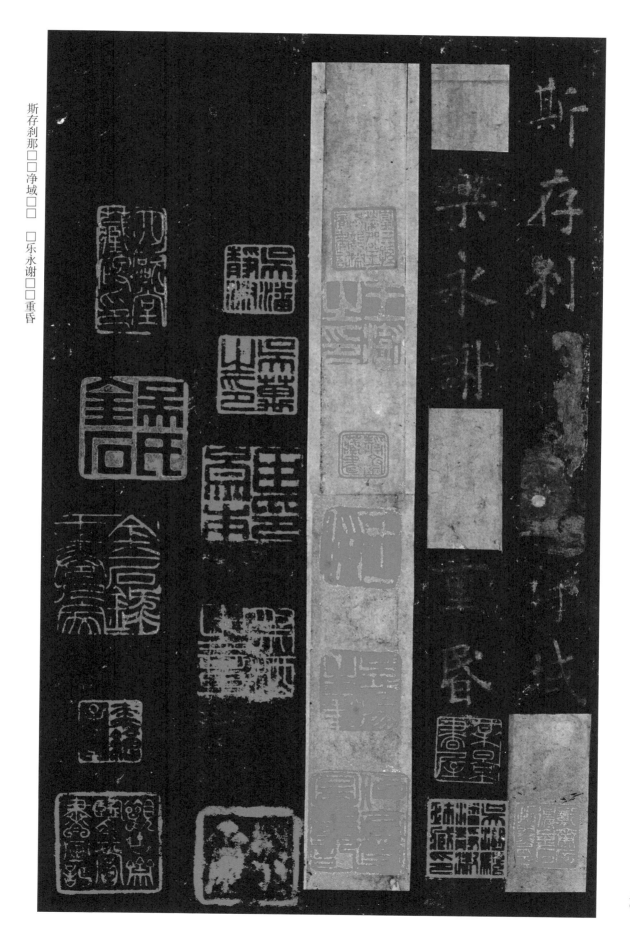

斯存刹那□□净域□□ □乐永谢□□重昏

欧阳询化度寺碑

教育部书法教材推荐碑帖范本

《全本对照——经典碑帖临写辅导》丛书 编委会

主编

王立翔

编委

（按姓氏笔画排序）

李剑锋　吴志国

张　青　张恒烟

沈　浩　沈　菊

程　峰

《欧阳询化度寺碑》简介

欧阳询（五五七—六四一），唐代书家。字信本。潭州临湘（今湖南长沙）人。官太子率更令，封渤海男。幼孤，陈中书令江总收养人，教以书记，聪悟绝人，博览古今。书则八体尽能，与虞世南、褚遂良、薛稷并称初唐四家。尤以楷书著称，与颜真卿、柳公权、赵孟頫齐名，影响深远。

《化度寺碑》全称《化度寺故僧邕禅师舍利塔铭》，李百药撰文，欧阳询书。唐贞观五年（六三一）刻。原石久佚，翁方纲考为三十五行，行三十三字。此碑书法笔力强健，结构紧密，早《九成宫碑》一年而书，故风格极相似，但谨严有余舒展不足。元赵孟頫评论云：『唐贞观间能书者，欧阳率更为最善，而《邕禅师塔铭》又其最善者也。』清代金石家翁方纲对此碑书法评价极高，认为此碑胜于《九成宫醴泉铭》。赞誉虽显过头，但可以说明此碑的书法确有其独到的地方。《化度寺碑》为欧阳询代表作，是楷书学习的最佳范本之一。

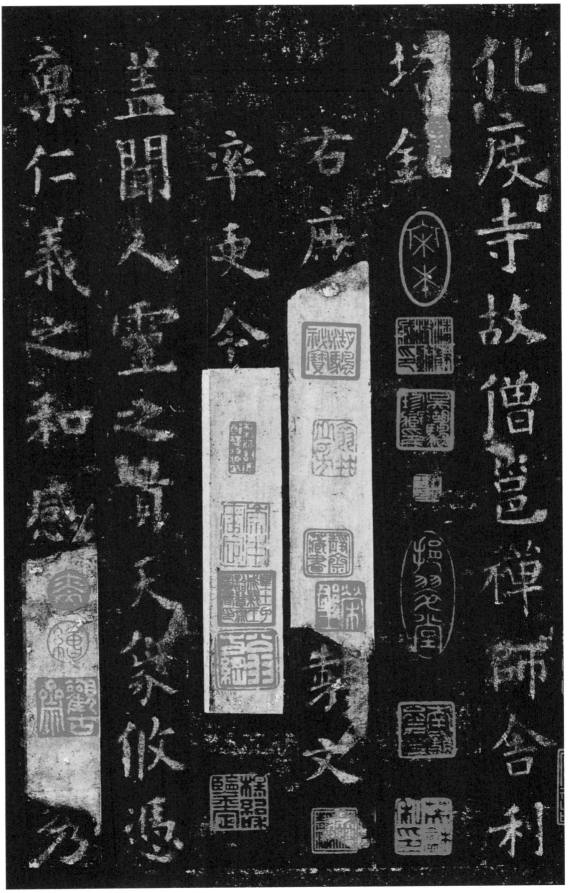

化度寺故僧邕禅师舍利　塔铭　右（庶子李百药）制文　率更令（欧阳询书）　盖闻人灵之贵天象攸凭　禀仁义之和感（山川之）秀

穷理尽性通幽洞微（研其　虑者百）　端宗其道者三教　殊源异轸类聚群分或（博　而）　无功劳而寡要文胜则　史礼烦（斯黩或）控

鹤乘鸾　有系风之谕餐霞御气致

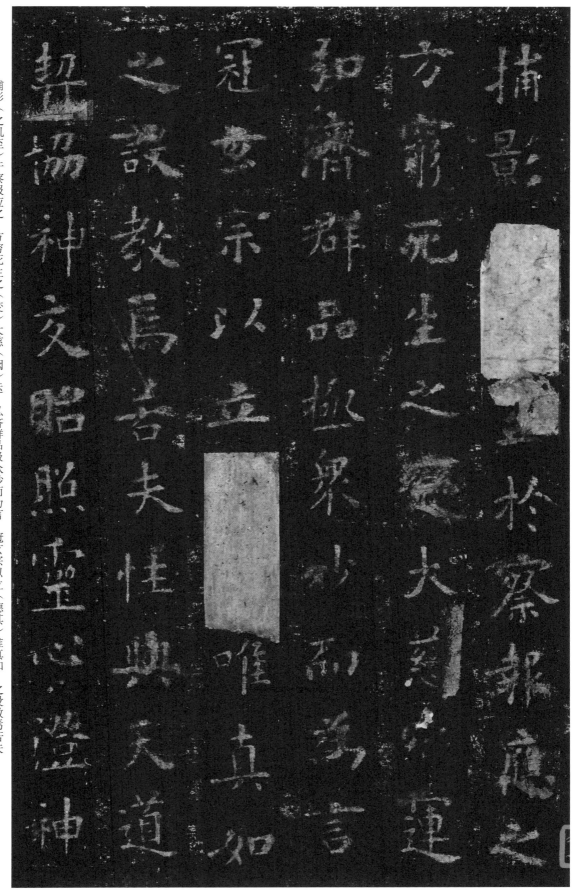

捕影（之讯至）于察报应之　方穷死生之（变）大慈（阙）运
性与天道　契协神交贻照灵心澄神

弘济群品极众妙而为言　冠玄宗以立（德其）唯真如　之设教焉若夫

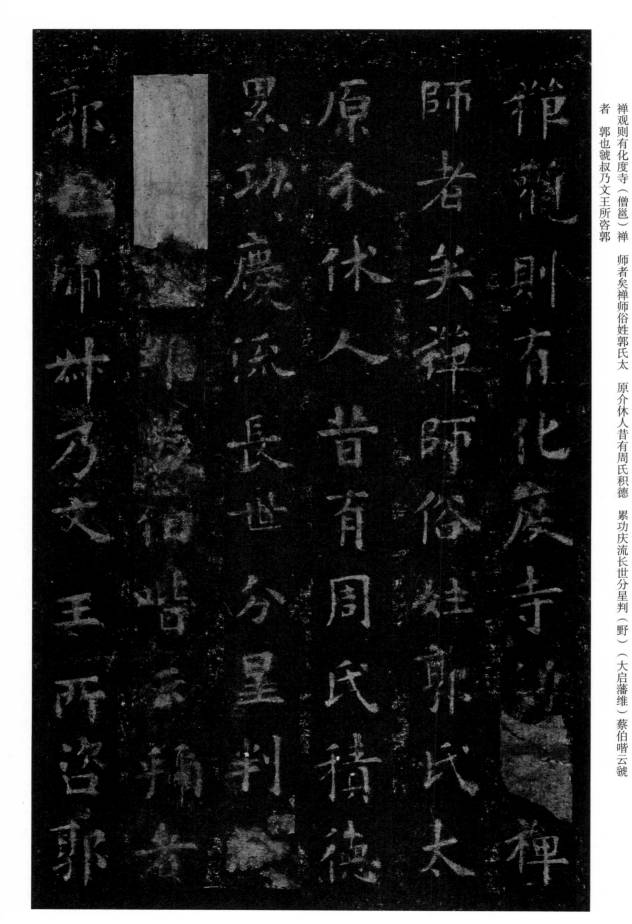

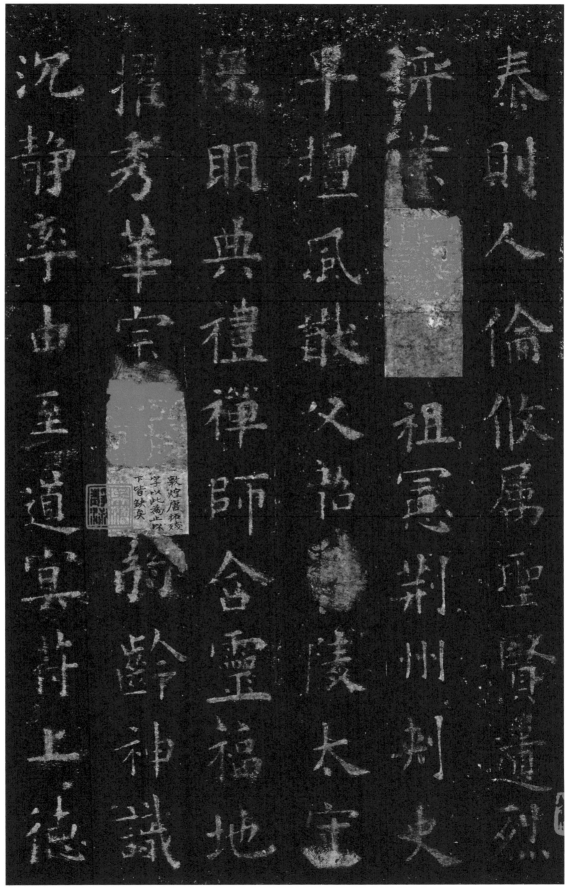

泰则人伦攸属圣贤遗烈　奕业（其昌）祖宪荆州刺史　早擅风猷父韶（博）陵太守　深明典礼禅师含灵福地　擢秀华宗（爰自）弱龄

神识沉静率由至道冥符上德

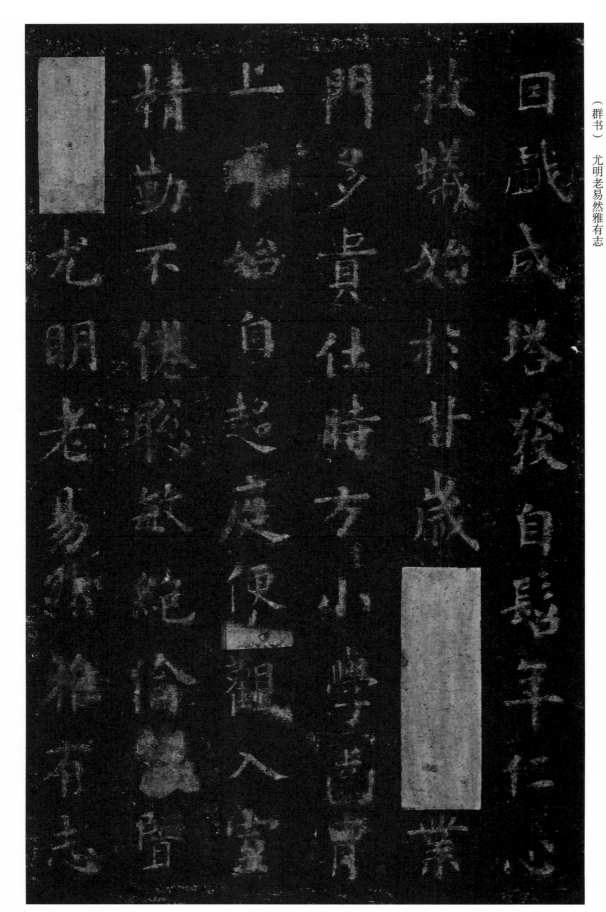

因戏成塔发自髫年仁心 救蚁始于廿岁（世传儒）业 门多贵仕时方小学齿胄 上庠始自趋庭便观入室 精勤不倦聪敏绝伦（博）览
（群书） 尤明老易然雅有志

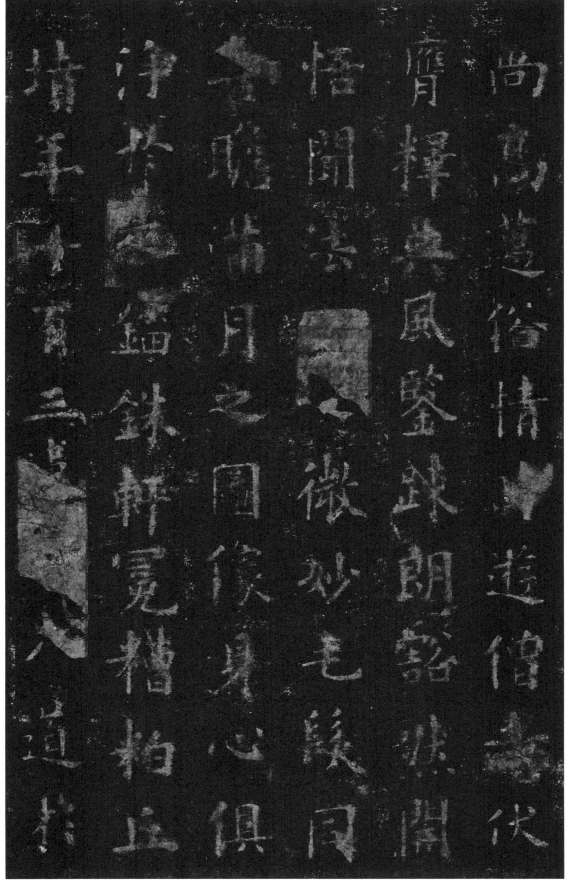

尚高迈俗情时游僧寺伏　膺释典风鉴疏朗豁然开　悟闻法（海之）微妙毛发同　喜瞻满月之图像身心俱　净于是锱铢轩冕糟粕丘　坟

年十有三（违亲）入道于

郿西云门寺依止稠禅师　稠公禅慧通□戒行勤苦　道标方外声溢区中□睹　暗投欣然惊异即授受禅　法数日便诣幽深稠公尝　抚禅师

而谓诸门徒曰五

亭□念尽在此矣头陁兰　若毕志忘疲仍来（往林虑　山）中　栖托游处后属周武　平齐像往林虑入白鹿深　山避时削迹藏声戢曜枕石　漱流□岩之下葺茅成

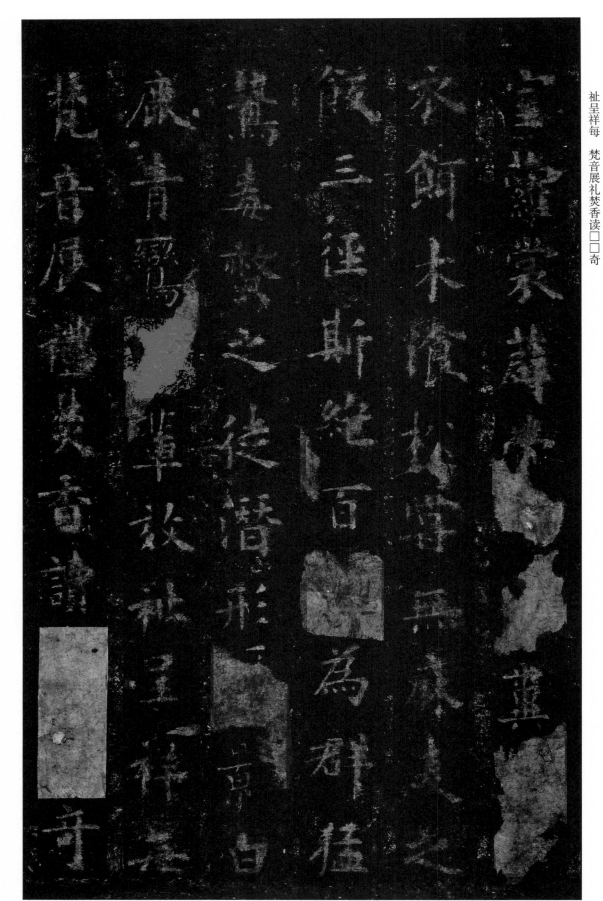

室萝裳薜带（阙唯）粪（阙之） 衣饵木餐松尝无麻麦之 饭三径斯绝百□为群猛 鸷毒螫之徒潜形（匿）影白 鹿青鸾（之）辈效

祉呈祥每 梵音展礼焚香读□□奇

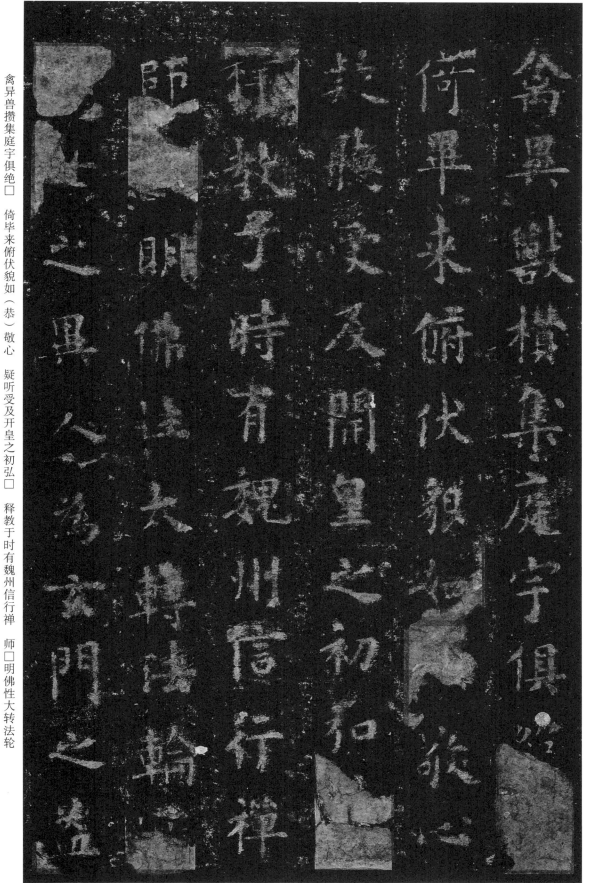

禽异兽攒集庭宇俱绝□ 倚毕来俯伏貌如（恭）敬心 疑听受及开皇之初弘□ 释教于时有魏州信行禅 师□明佛性大转法轮

实 （命世）之异人为元门之益

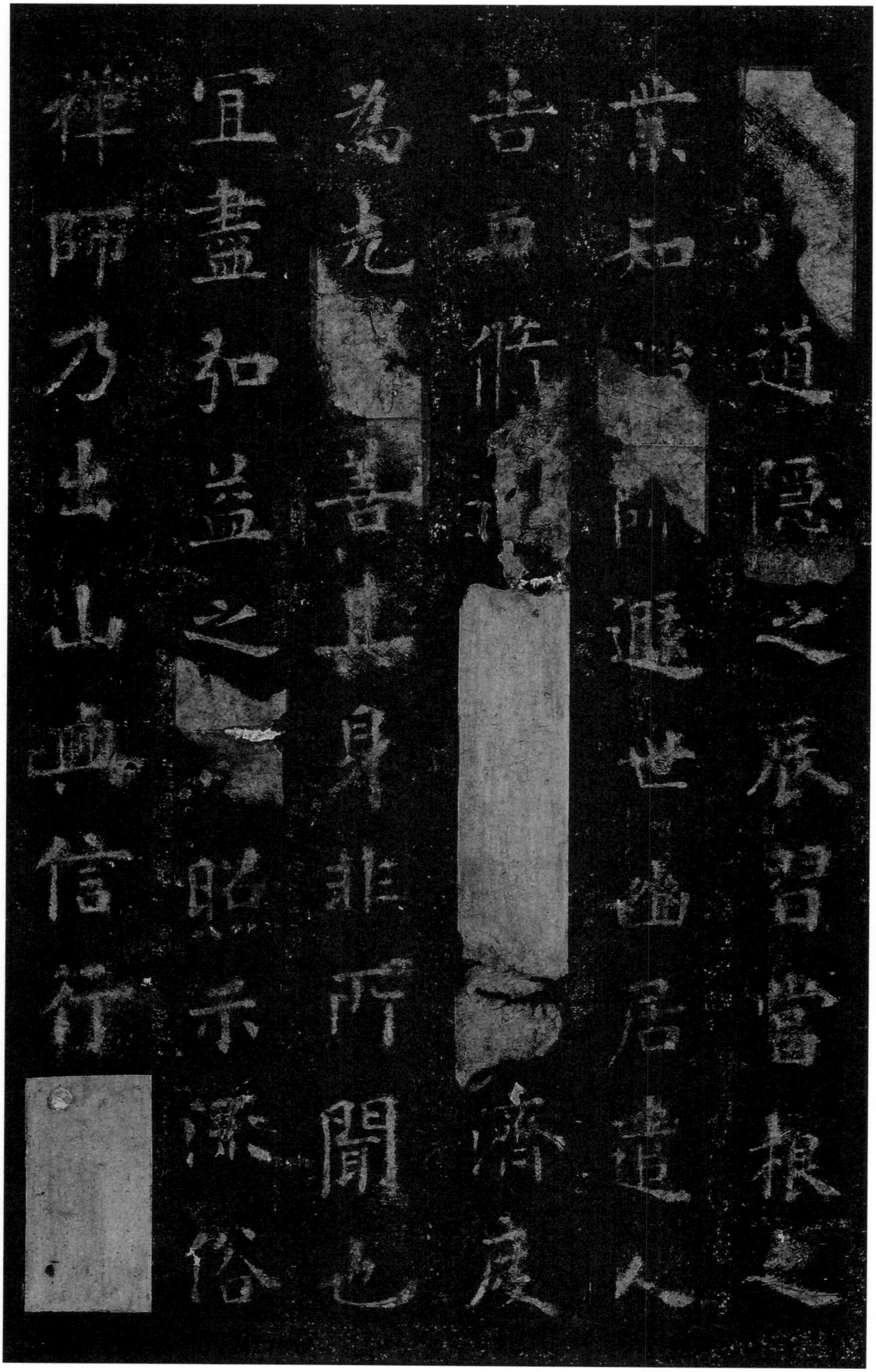

禅师乃出山画信行

宜尽弘益之□照示漂俗

为先□善其身非所闻也

吉□修□□□济度

业知□□遁世□居遗人

道隐之辰习当根之

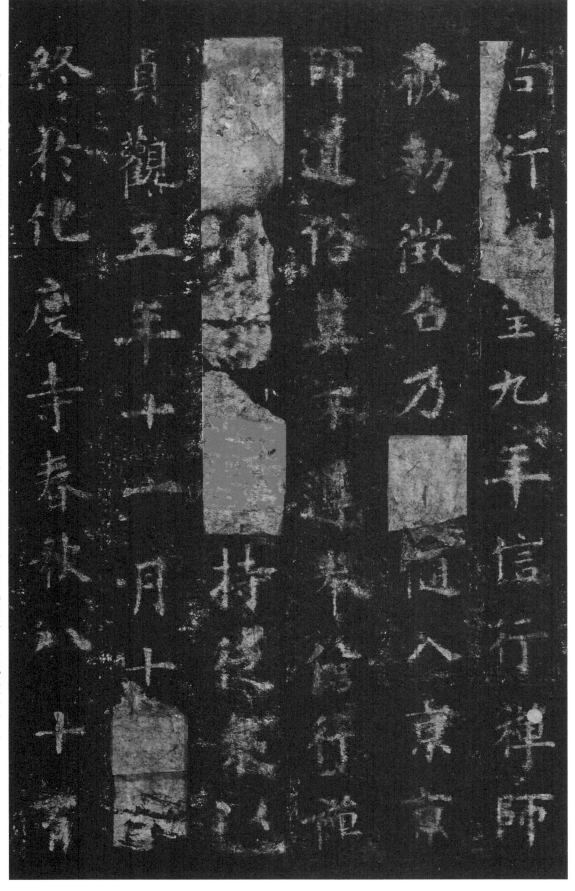

苦行（开）皇九年信行禅师　被敕征召乃（相）随入京京　师道俗　莫不遵奉信行禅　□□□之□□□持徒众以　贞观五年十一月十

（六日）　终于化度寺春秋八十有

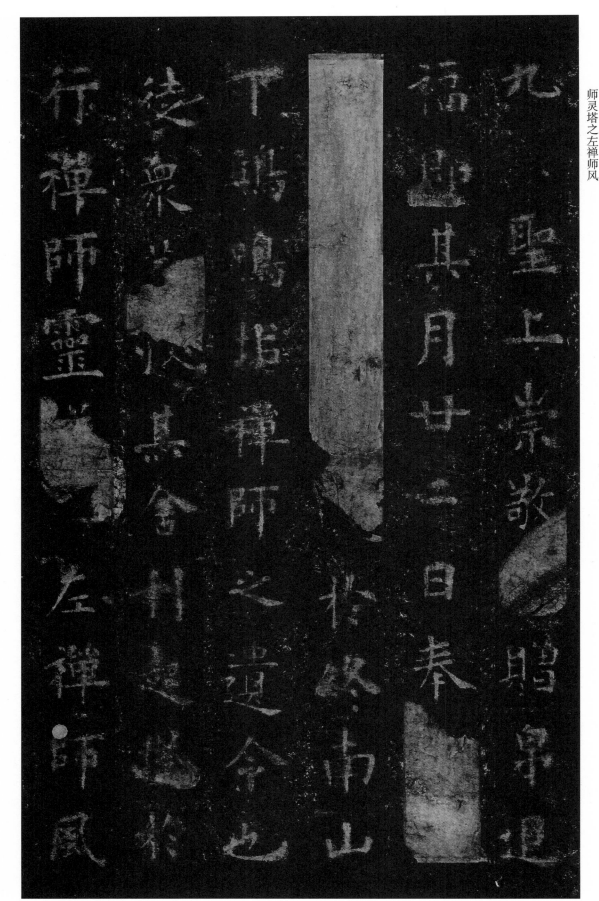

九聖上崇敬□□□贈帛追　福即其月廿二日奉送（靈
塔）于終南山　下鴟鳴坘禪師之遺令也　徒眾□收其舍利起塔于　（信）行禪
師靈塔之左禪師風

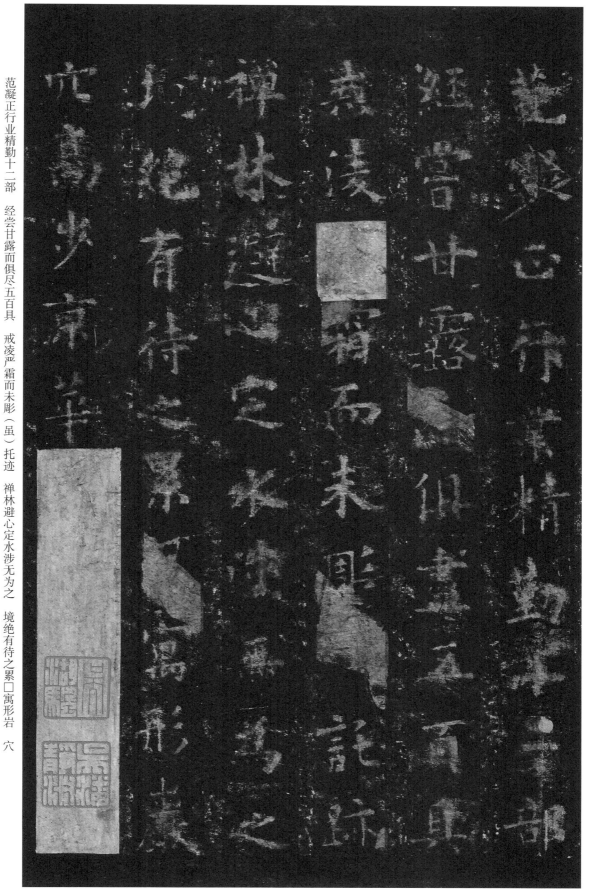

范凝正行业精勤十二部　经尝甘露而俱尽五百具　戒凌严霜而未彫（虽）托迹　禅林避心定水涉无为之　境绝有待之累□寓形岩　穴

高步京华（常卑辞屈已）

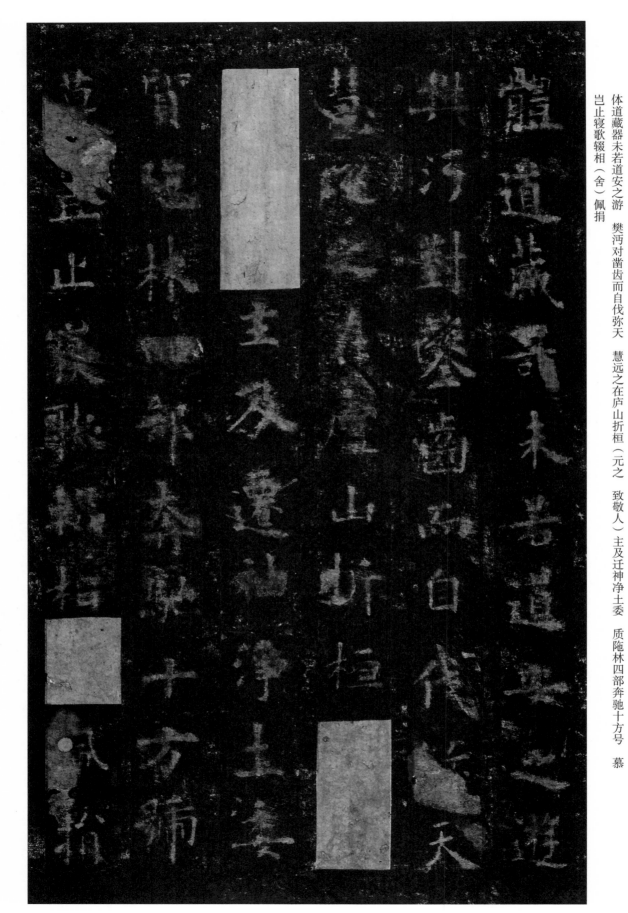

体道藏器未若道安之游　樊沔对凿齿而自伐弥天
慧远之在庐山折桓（元之　致敬人）主及迁神净土委
质陁林四部奔驰十方号　慕
岂止寝歌辍相（舍）佩捐

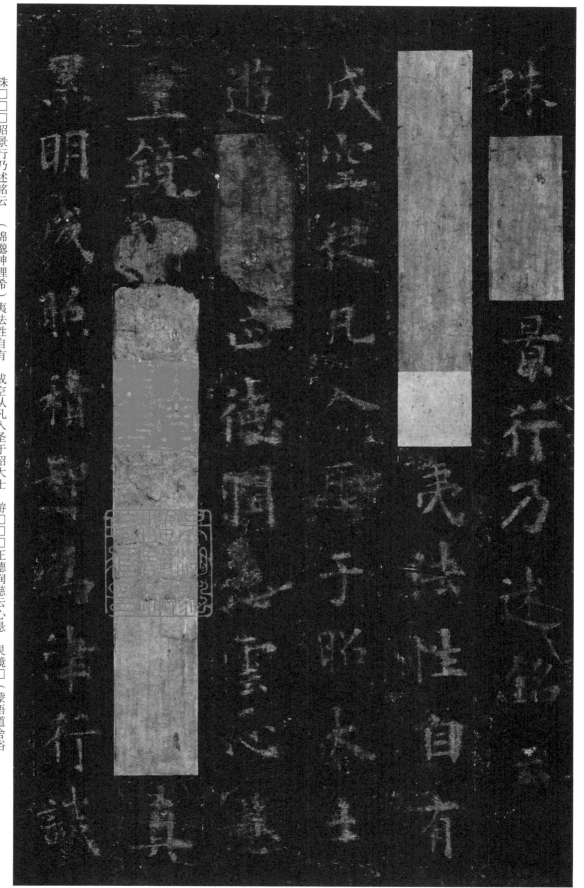

珠□□□昭景行乃述铭云　（绵邈神理希）夷法性自有

归）真　累明成照积智为津行识

成空从凡入圣于昭大士　游□□□正德润慈云心悬　灵镜□（蒙悟道舍俗

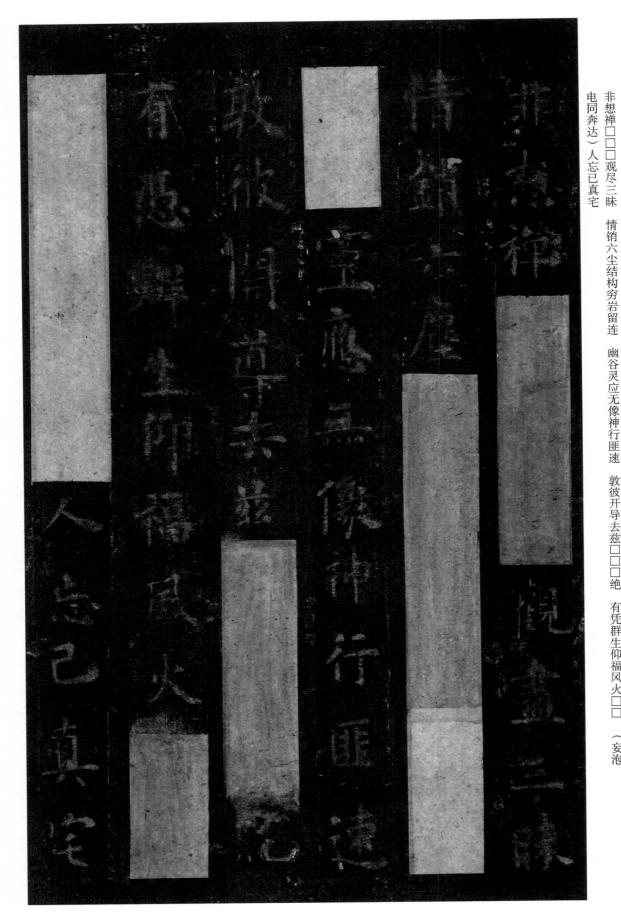

非想禅□□□观尽三昧　情销六尘结构穷岩留连　幽谷灵应无像神行匪速　敦彼开导去兹□□□绝　有凭群生仰福风火□□（妄泡电同奔达）人忘已真宅